고향의 등불

고향의 등불

초판 1쇄 발행 2023년 8월 14일

지은이 이원문

펴낸이 임병천
펴낸곳 책나무출판사
출판신고 2004년 4월 22일 (제318-00034)

주소 서울시 영등포구 신길3동 325-70 3F
전화 02-338-1228 **팩스** 0505-866-8254
홈페이지 www.booktree.info

ISBN 978-89-6339-729-0 03810

고향의 등불

이원문 시집

책나무출판사

목차

1부

2부

3부

4부

• 1부 •

오후의 그리움

홀로 있는 오후
이 하루의 오늘
어디에서 무엇 했나
창 너머에 피는 꽃
저 꽃에 담긴 마음일까

스쳐가는 지난 날마다
왜 이리 짧아만 가는지
한 조각 구름 멀어지는 창
넋 나간 그리움
커피 한 잔 울린다

봄 산행

그리 많던 진달래꽃이었는데
더러는 띄엄 띄엄 하얀 벚꽃도 피어 있었고
언제 그리 꽃이 피었더냐
이리 빨리 지워질 수가
이제 초록으로 물들이는 나뭇잎
더 지나 여름이면 얼마만큼 우거질까

빠르기도 빠른 시간
그러는 옷은 안 얇아졌겠나
구름도 다르고 새소리도 다른 봄
어느 한 곳에는 못 보았던 꽃도 피어 있을 것이고
오르는 길 돌뿌뎀이에 돋은 작은 풀
뿌리 내린 그곳의 풀도 봄은 봄이었다

사랑의 일기

그날이 생각나면 가슴에 묻고
모습이 그려지면 허공에 올린다
둘만의 그날이였기에 아름다웠는지
다녔던 곳에 피던 꽃 그 꽃은 안 그럴까
그 꽃들은 오늘도 다시 피련만
아름다웠던 우리의 꽃은 어디에서 피는지
피었다면 찾아가 바라 볼 수 있을까
바라보아도 먼 발치에서나 바라보겠지
짧았다면 짧은 행복 길었다면 긴 행복
이제 모두 다 모두 지우고 싶어라
다 다 모두 지우고 싶어라

늙은 봄

뜨락은 봄인데
사람은 어이 가을로 접어드는지
비라도 내리면 그 세월에 젖어들고
움직여 내다본 밖 허무하도다
저 꽃은 안 그럴까 꽃잎이 다르구나

이 몸도 그 한 백 년
그 백 년은 그만두고 하루가 다른 인생
백 년이나 열흘이나 무엇이 다를까
욕심에 바라보는 뜨락의 세월
넋 모으는 이 눈길 무엇을 바라보나

초심

처음 같은 마음
흔들리지 않을 나뭇잎이 어디에 있겠나
뒷문 밖 풀 이파리도 바람에 흔들리는데

외로운 섬

마주 본들 말을 하나
가까우니 찾아 가나
어두운 밤이면 캄캄한 밤이어서
안개라도 끼는 날 안개에 가려서
누구라도 찾으면 그것도 사나흘

들어오고 나가는 배 몇 번을 오고 갈까
파도에 묻히고 묻혀 날마다 지우는 날
먼 등대의 하루 처럼 날마다 그날이고
크고 작은 파도 소리 석양에 처량하다
내일이면 무엇하고 모레이면 무엇 하나

고향 땅

나 자란 고향 땅
풀 이파리에서 나뭇잎까지
개울 따라 오르면 버드나무 춤 띄웠고
철 따라 피는 고향의 꽃
푸서리마다 안 피운 곳이 어디에 있겠나
오월의 보리밭이라
그렇게 나부끼던 보리밭이었고
여름날 가을날 추운 겨울날
그렇게 울고 웃던 고향 땅이 건만
빨라도 너무 빠른 세월 이리도 짧을 수가

이제는 찾아가도
누가 있어 말을 하고 그 흙을 밟을까
그리워라 봄이면 더 그립고 더 그리워라
그런 고향은 잃었어도
흩어진 동무들 어디에서 어떻게 사는지
세월이 버리고 시간이 잊은 고향
함께 놀던 동무들 나 한 번쯤 기억이나 하는지
달 뜨면 달에서 찾아보는 내 동무들
지금은 어떻게 변했을까
잠든 세월 깨우며 다시 찾는다

등대의 노을

이 곳의 이 길도
저 너머의 둘레 길도
둘만의 아름다운 그런 길이었는데
잃어버린 그 약속의 길이었고

그 얼마만인가
한 번 다녀간 기억도
떠난 그 기억이 내게 다시 돌아 올까
지운 미련이 무엇을 바라겠나

이제 여운으로
아름다웠다라고도
그렇게 하기에도 너무 먼 그 시간들
쓰라린 이 가슴 노을에 젖는다

송홧가루의 일기

외로워 오르고
힘들어 오른 뒷산
새 울음에서 배우는 인생의 길목인가
내려 보이는 곳마다 내 것은 없고
나부끼는 보리밭만 마음 흔든다

눈 안에 들어오는 이 많은 것들
들이마시는 한숨에 어느 것이 내 것 될까
홀로 가야 하는 머나 먼 이 나의 길
있으면 기쁘고 없으면 슬픈 것인가
길고도 먼 보릿고개의 그 끝은 어디쯤

안 보여도 넘어야 하는 그 끝이 어디인가
소나무 꺾어 쥐고 송깃 훑는 마음
떫은 맛 그 맛의 가르침이었던가
뿌연히 앞 산 기슭 송홧가루 날리고
바람 부는 뒷산 길 해 기울어 저물어갔다

봄 구름

꽃 지우는 저 구름
산 넘으면 어디로 가나
진달래 개나리 꽃 모두 지우고
복숭아꽃마저 그렇게 지우더니
보리밭 쓸어 안고 어디로 가나

송홧가루 안 날리는 날
찔레꽃 아카시아꽃 피면
그날 여기에 다시 찾을까
워낭 소리 들리면 다시 찾을까
그러면 아이들 보리밭에 숨겠지

인생의 노을

하루라 하는 이름 아래
우리네 인생 어떻게 살고 있나
아침을 열면 저녁이 되는 법
점심 나절도 어떻게 하다 보면
그새 해 떨어져 어두운 밤이 아닌가
누구나 가져야 할 길고 짧은 시간들이고
아련한 그날 실 가닥 같은 그날
지난 날 그 삶이 어디에 데려다 놓았나
쉽고도 어려운 그 길목의 하루였던 날
그 길목에 웃음만이 있었을까
쉽기만한 길목이었고
그렇게 하루 저렇게 하루
지금 어디쯤에 닿아 무엇을 바라보나
잃어도 버려도 찾아오는 그날들
저무는 인생 길 노을에 젖는다

보리밭

미루나무 위 흰 구름 지나 갈 무렵
앞 산 자락 보리밭 그리 나부꼈었는데
그때에는 그저 바람 불어 그러려니
저녁 나절이면 저녁 바람에 더 누웠던 보리밭
해 저문 뒷 산길 내려오며 바라보노라면
지친 누렁이 소 송아지 부르며 논길 따라 왔었지

아련한 고향 땅 잃어버린 우리 동네
새참 이고 가는 우리 엄마의 모습일까
심부름꾼인 나 주전자 들고 뒤 따라 갔었고
안팎으로 바쁜 일손 때 놓칠 새라 바쁜 동네
투정에 짜증까지 엄마의 마음을 왜 몰랐었는지
먼 고향의 보리밭 오늘도 나부낀다

꿈 속의 노을

내려놓고 떼어 놓고
비우고 버리고
무엇을 더 어떻게 할까

이렇게 하루 한 달
저렇게 한 달 일 년
욕심 앞세워 보내야 했던 날

어디에 가 무엇하고
어떻게 살았나
이제는 모두 모두 다 버려야 할 때

인연도 이웃도
하나 둘 끊겨가고
저무는 인생 나절 누가 나를 찾을까

오늘도 내일도
욕심의 다음도
까치 둥지의 그 세월 구름 위에 얹어진다

북망산천의 봄

이 집 문밖 떠나면
언제 다시 돌아올까
오는 길 새 울고
보던 꽃도 많건만
그 꽃을 보려 다시 올 수 있을지

아이들 정 이웃 정
모두 두고 떠나는 몸
아이들아 울지 마라
이제 이 에미 정 끊으려므나
그 정에 매달릴 날 그날이 언제 될까

해놓은 밥 많이 먹고
더 이제 에미 찾지 마라
때 되면 꽃 피고 새가 우는 것을
어찌 모르고 떠나랴만은
쇠 심줄 같은 이 목숨 그동안 미안하다

병이 드니 아니더라
귀찮아 하는 그 눈치 어찌 모르겠니

사흘이면 끊어질 정
이렇게 짧은 것이 세월이고 밤 낮이니
이제 다 왔으니 흘린 눈물 거두거라

오월의 하늘

파란 하늘의 그날
산마다 초록빛 숲 우거져가고
냇가에 징검다리 흐르는 물에 잠겼다

지금도 그런 하늘
그 시절의 파란 오월인가
나부끼는 보리밭에 형제의 꿈 묻던 날

날리는 송홧가루
송홧가루 거둬 입에 바르고
공책에 톡톡 털어 모아 어머니 드렸다

기념일 많은 오월
우리의 날은 그만 뒤로 하고
벼란간 생긴 효심에 심부름 잘 했었고

회초리 든 선생님
스승의 은혜를 어찌 잊을까
예쁜 담임 선생님의 풍금 소리 들린다

잊지 못할 그 노래
어머님 은혜 스승의 은혜
우리의 노래 소리 파란 하늘에 퍼졌다

오월의 그날

교훈의 달 오월
누가 아는 그날이고
그 어려움인가
자연에서 배우고
이웃에게 얻은 지혜
풀 뿌리에서 나뭇잎까지
무엇을 배워 어떻게 살았나

새 울음에 귀 기우리니
같은 울음이 아니었고
때 맞춤에 돋은 풀도
아침 저녁으로 달랐다
피는 꽃은 안 그런가
며칠 전 그 꽃이 씨앗 열매로
무엇을 얻으려 그리 바쁜지

가뭄이니 부족함이여
때 맞춤이니 그 시간이 아니던가
못 느끼는 사람의 마음
사람도 이와 같이

낮과 밤으로 무엇이 다를까
배움과 교훈의 달 느낌의 그 시간
없던 구름 오더니 산 너머 멀어진다

노을의 꽃

고향의 꽃 다 어디 갔나
송화 송이에 송홧가루 하나
어쩌다 보이는 민들레 꽃이고
거리에는 못 보았던 꽃으로 가득
이름도 어색하여 부르기 쉽지 않다

그러는 그 뜻은 있겠나
뜻과 의미는 꽃만이 알겠지
세월에 밀려 쫓겨난 우리의 꽃
어디로 떠나 어떻게 피고 있는지
그 보릿고개의 고향 꽃 다시 찾는다

구름의 오월

춥지도 덥지도
아카시아 꽃 주렁주렁 하얗게 매달리고
찔레꽃 봉오리 보리밭 바라본다

구름도 하얀 구름
찔레꽃 봉오리 언제 터질까
새하얀 찔레꽃 누구의 꽃이 되고

가냘피 가냘픈 꽃
파란 보리밭 바람에 나부낄때
기다림의 찔레꽃 살짝이 여미어진다

오디의 꿈

찔레꽃 봉오리가 언제 트일까
푸르슴한 오디 찔레 넝쿨 바라보고
곧 트일 봉오리 뽕나무 올려본다

찔레꽃 피고 나면 붉그스레 할 오디
찔레 넝쿨의 기다림일까
뽕나무 오디의 그 바램이었나

찔레꽃잎 밤 이슬에 젖어 들던 날
시큼한 맛의 붉은 오디 검푸르게 단맛 들고
소쩍새의 먼 울음 보리밭에 숨어었다

아이들

아이들아
오늘은 어린이날
마음껏 뛰어 놀고
내일의 꿈 꾸려므나

아이들아
내일도 너희의 날
다음도 너희의 날
무엇이 부족하더냐

아이들아
참 되게 자라다오
희망의 나라 위해
무럭무럭 자라다오

• 2부 •

비 오는 오월

그런 오월이었는데
바람 쓸쓸히 마루 훑고 나가고
들이치는 빗줄기 추녀 밑까지
논 밭으로는 반가운 비 얼마나 더 내릴까

또 한 세월 알리는
낙숫물이 들려주는 그 세월인가
달밤에는 개구리 울음
그 울음에 짚는 세월 빠르기도 했었지

이제 그만 내렸으면
이 비에 송홧가루 다 털려 씻길 무렵
그때 기슭마다 돋았던 산나물
어느 산에 많이 돋았을까 등잔불 밑 그 궁리일까

여기 저기에 고사리 취나물
안 다녀본 산이 어디에 있었나
몇 자루씩 뜯어 팔어 돈 만들어 쓰고
나머지는 아이들 몫 명절에 오면 나누어 주었는데

오월의 언덕

송홧가루 씻기던 날
아카시아 꽃 주렁 주렁
저 꽃이 떨어지면
어느 꽃을 찾아갈까

보리밭 지나는 길
아직 퍼런 이삭
쥐어 훑어 깨물으니
흰 물 잡혀 텁텁하고

나부낌도 그 잠깐
언제 익어 누래질까
해 기울어 저무는 길
보리밭도 저문다

엄마 엄마

헌신과 희생 그리고 사랑
우리들을 위해 어떻게 사셨나
어머니의 것은 아무것도 없었다

세월이라 병든 어머니 우리 어머니
삭히고 삭히며 다 받아 준 어머니
그 쓴 맛에도 내 것이라 했던 어머니

추우면 추울새라 더우면 더울새라
춥고 더운 것이 우리들만 춥고 더웠겠나
눈에 넣은 우리들의 것도 귀에 담은 그 소리도

싫고 나쁜 것은 어머니의 것이요
웃음에 좋은 것은 우리들의 것이 아니었나
그런 희생 그런 사랑에 밤 낮이 없던 어머니

이제 그 힘도 그 사랑도 뭉치는 어머니의 마음 뿐
세월 앞에 어머니의 그 마음을 누가 헤아려 드릴까
우리 엄마 가엾어라 어머니의 것은 아무것도 없었다

아카시아 꽃

그렇게 피고 지더니
마지막으로 하얀 꽃
찔레꽃 아카시아 꽃
하얀 아카시아 꽃 주렁 주렁 매달리고
넝쿨의 찔레꽃 잎 줄기에 숨는다

찔레꽃 아카시아 꽃
내려 보고 올려 보고
어느 꽃이 더 하얄까
찔레꽃은 어머니의 운명의 꽃이었고
하얀 아카시아 꽃은 나의 꽃이었다

워낭의 오월

푸르른 오월
얼마 있어 유월 지나 칠월이 올까
꽃으로 보는 빠른 세월
씨 넣은 밭 풀 뽑고 옮겨 심어야
그래야 밭농사의 한해가 될 것이고

아직 이른 논 농사
논 갈이에 물 가둬야 모내기가 되겠지
하루가 다른 못자리
유월의 모내기로 파란 들녘 되면
칠월의 뜸북새 고향 찾지 않을까

그러면 또 한 세월
얼마나 바쁘고 힘이 드는 오월인가
소야 누렁이 소야 이려 이려 이려
이 논 밭일 끝나면 쉴 날이 많겠지
저무는 워낭 소리 너도 나도 지치는구나

서쪽 하늘

노을에 어린 모습
하나 둘 생각 나는 것마다
그리움에 가둬지고
추억 보다 더 아름다웠더라
어디에서부터 어떻게 펼쳐볼까

그저 쓰라린 가슴만이
잊는다면 잊혀질까
눈 감으면 버려질까
뉘우침에 더 보고 싶은 얼굴
그날이 그리워 눈시울에 얹는다

꼬마의 오월

오늘은 어디에 가 무엇을 얻을까
꿰맨 헌 옷떼기라도 즐거운 하루
뒷산굴청 돌 들춰 가재나 잡을까
냇가에 들어가 다슬기나 주울까
닳아빠진 고무신의 깊어진 생각

오늘은 그렇고 내일은 어디로 갈까
뽕나무 찾자 하니 아직은 퍼런 오디
울 밑에 앵두 앞 산의 벚은 안그럴까
삐레기에 찔레순 그리고 또 뭐있나
그러면 닭장에 닭 둥지나 봐야겠다

소라의 달

약속의 모래성
아직 허물어지지 않았는지
그날이 생각날 때면
떠 올리는 기억마다
추억에 잠들고

세월 만큼이나
시간에 밀려간 그날들
인연의 꽃 아름다워라
소라 조개껍데기의 기다림
파도에 묻힌다

농촌의 봄

하늘 올려 보던 날
무엇을 심고 안 심을까
때 맞춤에 넣어야 하는 씨앗
옮겨 심어야 할 모종은 안 그럴까
밭떼기마다 자라는 풀
사 나흘이 멀다 하고
왜 이리 빨리 자라는지
비 내리면 더 잘 자라는 플
모종에 씨앗 넣은지 며칠이나 됐을까

하루 이틀 안 가보면
그렇게 표가 나고 호미 갈 때가 많은지
피는 꽃에 때 맞춤이라 얼마 있어 여름일까
논 농사에는 물 가둬 놓은 논에 물 가득
모내기 무렵 아카시아 꽃 떨어지고
누런 보리밭으로는 비 내리면 안 되는데
앵두 벚 붉그레 하다 빨갛게 익으면
며칠의 가뭄에 보리 타작 해야 하나
육 칠월의 뜸북새 고향 소식 기다린다

스승의 오월

웃는 아이 우는 아이
기쁜 아이 슬픈 아이
가슴 메이는 스승의 마음
그때를 아시나요

급식소 강냉이 죽에 울고 웃던 날
그 아이들이 지금 우리들이 아닌지요
함께 울고 웃던 스승의 마음
스승의 은혜를 어찌 잊을까

급식소 뜰에 줄 서서
양은 변또 들고 줄 서 있던 날
강냉이 죽 한 국자 더
누구의 것이 더 많을까

그나마 받아 들고 뒤 돌아서면
힘 센 아이에게 반쯤 빼앗기니
나머지 입에 넣을 것이 얼마나 될까
허기에 배고프고 빼앗기니 서럽다

집에 가면 찬장에 짠지쪽 사발 하나
입맛만 그저 저녁이라 해야 멀건 콩나물 죽
무엇을 얼마나 먹어 배부르다 할까
비 내리는 날에는 더 춥고 배 고팠다

결석 날 들녘 일에 못간 학교
허기에 십리 길 배고파 못 간 학교
돌림병에 그 몇 날 며칠
가정 방문의 선생님께 얼굴을 못 들었다

운명의 노을

오늘도 피는 꽃
그때에도 이렇게 피었겠지
돌아 보면 아무것도
어떻게 하다 보낸 세월인지
후회 아닌 후회 하는 것 같고
받아들일 수 밖에 없어 받아 들여야 했다

그 운명이라면
하늘도 몇 개의 하늘이었을까
강물 처럼 흘러간 세월
이렇게 짧은 그 날일 줄이야
어떻게 보면 너무 길어었고
이제 그 운명의 다리도 노을 져 저물어간다

찔레꽃 언덕

하얀 찔레꽃
기다림의 찔레꽃
작년 처럼 기다려도
지나는 이 없고
바람만 쓸쓸히
하얀 꽃잎 여미네

이 언덕에 누가
누가 언제 다녀 갈까
외로운 기다림
기다려도 오지 않고
뽕밭 위 뻐꾹새
뻐꾹새만 울고 있네

뽕밭

아가야 울지 마라
네 울음에 이 에미 눈물 난다
등에 업힌 너
네가 무엇을 알겠니
너 하나 얻은 운명
운명이란 이런 것이니
그래도 곁에 있을 때에는
이렇게 혼자 남겨 두고 떠날 줄이야
날마다 너 하나에 새우는 밤
지친 그 밤이 길기도 하고
웃음도 잃은지가 꽤나 오래된 것 같구나
낮에는 뽕밭으로
이 뽕밭에 그늘 들어오는 시간
내일도 또 그 눈치에 하루가 되겠지
두 번의 운명이 찔레꽃 지우는 날
아장 아장 우리 아가 뜨락이 멀다 할까
먼 산 뻐꾹새 울음 어제도 그러더니
이 오늘도 저물도록 멎지 않는구나

파도의 고향

어느 섬을 눈 안에 넣을까
저 섬도 그렇고 이 섬도 그렇고
그곳에도 이곳 처럼 파도 소리 들리겠지
찾아가면 굴 소라 조개껍데기
구석 진 곳 마다 널려 있고
나 자랄 때만 해도 그랬었는데

내다 버린 굴 소라 조개껍데기
세월 가면 묻혀질까 누구의 손에 닿아
그렇게 밟히도록 버려졌을 법한지
뿌린 듯 하얗게 그 세월도 하얗게
무엇인들 하얗게 안 바랬을까
파도만이 읽는 그 세월의 일기가 아닌가

장터 길

위 아래 동네 서로 만날 사람들
오늘은 누구를 만나 어느 이야기가 될까
보따리 든 이 쌀 내느라 쌀 자루 인 이
앞 서거니 뒷 서거니 아침 일찍 장 보러 가는 이들
이 손에는 든 계란 꾸러미 깨질까 조심 된다

만나는 이마다 집안 일 어른 걱정
살 것 많은 내 걱정은 무엇부터 사야 하나
이 계란 꾸러미로는 어림 없을 것인데
무엇을 사고 안 살 것이 어디에 있나
지나는 길 잘 가꾸어진 논 밭 떼기 부럽구나

장터에 들어서면 어디부터 들릴까
후즐그레하니 이 옷으로 누가 볼까 부끄럽고
친정 동네 사람과 마주치면 어떻게 하나
약 장수에 뱀 장수 각설이 타령으로 구경 거리 많은 장터
친정 집 귀 동냥에 실 바늘 나머지는 막내 놈 고무신이
나 신켜야겠다

쌀

그래도 하루 해가 더 남을 줄 알았는데
이 욕심 지우느라 저리 빨리 기우는지
때 놓침에 해야 할 일 이 남은 일이 얼마인가
그리 해도 가을 날 나누고 보면 모자라고
그 모자람 덮느라 찬 바람부터 불어온다

봄 날 여름날 이 봄 날 씨앗 넣고 옮겨 심어야 할일
봄은 그렇다 해도 여름 오면 어떻게 하나
덥기도 더운 날 가뭄에 비 많이 내려 무너지고 휩쓸리니
하늘에 빌며 논 농사 밭 농사에 그렇게 한평생을
이제는 그 세월도 이 인생이 저물어간다

작은 그날

돌이켜 보는 지난 날
그날을 다 어떻게 기억 할까
계절 따라 다가오는 몇몇 날의 기억들만
안 보였던 들꽃도 여기 저기 피어있고
흩어진 동무들도 달 속에 모여 있다

섬에서 산골 마을까지
이제는 모두가 흐려져만 가는 그날
갈매기의 바다부터 무엇을 안 보았다 할까
밀물이 갯벌 덮듯 덮여 가는 세월
놓인 길의 다음 그 다음도 덮여간다

노을의 고향

마당 끝 서쪽 하늘
띠 걸친 노을에 꿈 묻었던 날
바라볼수록 더 붉게

노을의 그 기러기 어디쯤 갔을까
그렇게나 뒤 안 보고 어디로 가는지
무엇 찾아 어디로 가는지

기러기의 먼 나라
행여 다시 찾아올까
노을에 묻은 꿈 기러기 기다린다

운명의 이슬

밤 낮이 깎는 세월 머문 자리 보셨나요
잃어버린 것은 없는지요 흘린 것 또한 없는지요
버린 것도 있겠지요

알면서도 버리고 흘려야 했던 날
잃은 것이 무엇인가요 다시 찾을 수 있는지요
주워 담을 수는 있고요

언덕도 비탈길도 평지 찾아 걸어온 세월
열 갈래길 가로질러 왔어도 앞에 놓인 것이 무엇이던가요
돌아보면 어떻게 그 길을

내려놓지 못 할 짐에 힘들지 않으셨나요
긴 뒷날 짧은 앞날 비 오면 비 맞고 눈 오면 눈 맞고
이제 그 맞을 날이 짧지 않던가요

비우고 접는 시간 지팡이에 싣는 몸
다 버려도 힘든 하루 그런 길을 걷느라 그 자리까지 왔겠지요
욕심에 더 갈 길이 얼마나 되던가요

눈 감으니 밤이요 떠 보면 낮이니

냉수 한 그릇에 보내는 밤 잠 안와 나가보면 별만 떠 있을 것이고

낮이려니 바라보는 해 그 해도 기울지 않던가요

뻐꾹새의 하늘

하얀 아카시아 찔레꽃 지던 날
보리밭 지나는 길 보리 이삭 누랬었고
그 무렵 찾았던 뽕나무
아직 붉게 검은 오디가 아니었다

끊길 듯 먼 산의 뻐꾹새 울음
붉은 오디 검게 되면 가까이 들려 올까
고요한 보리밭 길 보리 이삭 영글어 가고

끊기는 뻐꾹새 울음 언제 들릴까
며칠 후 찾으면 붉은 오디 검게 익고
그 뻐꾹새 울음도 앞 산 가까이
오늘도 보리밭 길 따라 뽕나무 찾아간다

• 3부 •

오월의 하늘

산 넘어온 구름 멀어지더니
다음 구름 들어와 마음 빼앗는다
넋 놓은 마음에 바라보는 먼 하늘
넘어온 구름 그림 되어 흩어지고
다음 구름 한 조각에 그날이 모인다

이런 일 저런 날 아픔이 있던 날
오월 이맘때면 그리 찾아 드는지
뒷산 뻐국새도 그 날을 읽어주고
넋 놓은 파란 하늘 구름 흘러간다
구름 따라 가는 마음 어느 곳 찾아 가나

암자(庵子)

마음 아닌 마음 갖고
구름 처럼 살지 마라

진심 아닌 진심 갖고
불심 처럼 살지 마라

들려오는 풍경 소리
귀에 담아 보았느냐

법당 뜰의 물 새소리
그 천년에 변함 없다

법당 연못 연꽃 처럼
밤 낮이 같아야 한다

법당 안의 촛불 처럼
밝음이 같아야 한다

모내기

고향의 모내기
그 시절의 모내기
위 아래 논 논 물 가득
때 맞춤에 늦을새라 하루 이틀이 바쁘다
품앗이로 서너날 오늘은 우리 차례
병작에 더 얻은 논 이 모를 다 어떻게 내야 하나

모 찌는 이 못침 나르는 이
비 내려도 맞아야 하는
때 맞춤의 모내기일까
구석 구석 빈틈 없이 어느 곳을 비워둘까
한 포기라도 더 더 꽂아야 하는 모내기의 일손
뜸북새의 그 칠월 뻑꾹새 울음 저물어간다

오월의 노을

떠나는 오월
이제 피는 꽃이 더 무엇이 있겠나
그렇게 저렇게 보았어도 몇 번뿐
봄 꽃이라 하는 꽃은 모두 흐지부지 그렇게 지워지고
마지막으로 여름을 알리는 밤 꽃이 수놓는다

이리 쉬운 것
이리 쉬운 것이 꽃들의 열흘인가
얼마나 기다린 그 봄 꽃들이었나
그리 빨리 지워질 수가 모두가 시간의 재촉이었겠지
세월의 부채질로 더 빠르게 지워진 꽃이었고

다가온 여름
찾아온 여름날이 며칠이나 될까
툇마루 밖 옥수수 잎 비비는 소리
고향을 생각하면 모깃불의 그 긴긴 여름이 될 것 같고
시간으로 보면 밤 근심의 짧은 날이 될 것 같다

고향의 열매

시절 만큼이나 먼 그날
달콤한 맛을 어디에 가 맛볼까
꽃 보다 기다린 그 열매들이 아닌가
울 밑 앵두나무에 앵두 앞 산 벚나무의 벚
더러는 담장 아래 그 돼지 감자
뽕나무에 매달린 검은 오디
개울 풀숲에 숨어 있는 빨간 들 딸기

학교 갔다 오는 길에 샛길로 들어서면
뽕나무 오디의 그 맛을 어찌 잊을 수가
산딸기는 안 그런가 집에 오면 앵두가 기다리고
앞 산 벚나무에 오르면 벚 먹은 입 붉그래 하니 벚에 취했고
달고롬하니 흙 털어 먹던 돼지 감자의 그 맛
어느 열매를 빼놓을까 서리 해 먹었던 돼지 감자도 그렇고
유월의 고향 열매 빼루수도 한몫했다

유월

반 년의 유월이라
추운 두 달 제하면
넉 달 밖에 더 남았나
그 넉 달도 이럭 저럭
바쁜 일에 놓칠 것이고

빠르고 빠른 시간
지는 꽃의 봄일까
가는 반 년 오는 유월
얻은 것이 무엇인가
오월의 끝 유월이 온다

파도의 밤

밀물에 나가보면 날마다 그 물이고
물 썰어 바라보면 갯벌도 변함 없다
들어오고 나가는 물 물만 왔다 갔겠나
때로는 구름도 그렇게 왔다 가 건만
소식이라고는 아무것도 파도만 밀려온다

들려오는 파도 소리 돌담 넘는 파도 소리
적막해도 한낮에는 갈매기 울음이라도
고요한 밤이면 그리 멀어져야 하는지
밤 낮의 파도 소리 오두막집 담 넘는다
밀물 썰물에 앞 섬도 변함없다

밤꽃의 고향

눈 안의 꽃 고무신의 꽃
희끗희끗하니 그리 하얗지도 않은 꽃이
이 산 저 산 점박이로 수놓았고
집 울 뒤의 그 향기 마당으로 내려왔다

아침으로 저녁으로
낮에 없던 그 향기 그리 짙게 깔리는지
그러다 바람 불면 바람이 거둬갔고
다랑이 논 기슭에는 안 깔렸을까

온동네는 밤꽃 향기로
홀아비 머슴이 튼 물꼬에 섞여 흘러내렸고
한낮에는 뽕밭으로 뽕잎에 젖어들던 날
아낙의 뽕자루에 뽕잎과 함께 담겼다

외로운 유월

작년에 찾았던 그곳일까
들길 따라 산길 따라
무엇을 얻으려 어디로 가나
입 하나에 찾는 길 파란 하늘 더 높고
길고 짧은 뻐꾹새 울음 먼 산 멀리 멀어진다

뽕나무 찾아 산딸기 찾아
오늘은 어디에 가 무엇을 입에 넣고
내일은 어느 기슭에 가 무엇을 얻을까
고요히 뻐꾹새 울음 끊어지는 길
돌 뿌리에 차인 발 아프고 시리다

텃밭의 세월

옥수수 감자밭 위 흘러가던 구름
그 구름 지금 어디쯤 갔나
뽕밭의 어머니도 산딸기 찾는 아이들도
한 번쯤 올려보던 그런 구름이었는데
더러는 뻐꾹새도 바라보며 울었고

툇마루 할머니의 세월
그러는 할머니는 안 올려보았겠나
늙은 친정 생각에 눈물 나는 할머니
찔레꽃에 속은 날이 몇몇해인가
할머니의 그 세월 다 저물어간다

현충일

이제 그만
이제 그만
이웃 나라 등에 업고 우리 지금 무엇 하나
총 맞댄 우리 민족 우리 지금 무엇 하나

이제 그만
이제 그만
우리 형제 남과 북 통일의 길로 나가자
그 앙금 씻어내고 통일의 길로 나가자

고향의 유월

씨 넣고 옮겨 심고 모내기까지 끝냈으니
이제 얼추 큰 일은 다 끝낸 것 같은데
이유 없는 마음이 무겁기만 하구나
칠월도 스므날 그 스므날 지나면 칠월이겠고

이렇게 빠른 세월 빠르고 빠른 시간
뜸북이 부르는 앞 산 뻐꾸기는 알려나
그 뜸북이 불러 놓고 먼저 떠날 뻐꾸기인데
얼마를 더 있겠다고 저리 울어 대는지

텃밭에 옥수수 잎도 하루가 다르구나
올려 놓은 오이 넝쿨 호박 넝쿨도 그렇고
이 빠른 시간 문간 바람이 알기나 할런지
논 밭 적셔줄 먼 비 구름 떼 들어오는구나

산딸기

오늘은 어디로 어느 밭 둑을 찾을까
고요한 산 자락 아무도 없고
찌르레기 울음만 어쩌다 들린다
산딸기를 찾는걸까 나를 찾는걸까
외로운 코흘리게의 마음 무엇 찾아 왔나

푸서리 들춰 걷는 풀숲 긁히고 찔리고
풀숲에 긁힌 살갗 살갗만 아프겠나
눈물 없는 쓰라림 들꽃에 내려 앉고
누가 부르는 것 같아 돌아보는 먼 발치
산딸기는 없고 외로움만 있었다

유월의 마음

까치 짖음에 올려보는 하늘 흰 구름 떠가고
또 다른 구름 멀리서 들어온다
까마귀는 안 울을까 오가며 한 번씩 그렇게나
먼 산 뻐꾸기는 무엇을 알리려 저리 우는지

나가보면 논마다 벼 포기가 덮는 들녘
드러난 그 바닥이 언제였더냐 모두가 파랗다
때 되면 이렇게 왔다 가고 오고 가는 것을
사람은 안 그런가 인생도 그렇게 왔다 가는 것인데

그렇게나 천 만년 안 그럴 것 처럼
욕심 하나에 매달려 무엇을 바라보나
한 치 앞이라 하니 이것이 그 한 치 앞이고 사람의 다음 인가
피고 지는 유월의 들꽃 오늘도 이슬 마르더니 하루가 바쁘구나

그때

아련한 그 옛날
무엇 하며 어떻게 살았는지
일터의 그날이 아니라
인생의 그날을 짚어 보고 싶다

누가 묻는다면
어떻게 대답할까
이 생각 저 생각에 돌아 보는 그날들
없는 기억이 이렇게나 짓누르는지

있는 기억은 안 그럴까
그렇게 많은 날 다 어디 갔나
없는 기억에 매달리는 마음
있는 기억도 하나 둘씩 희미해져 가고

꿈 속의 그림 처럼
모두가 지나면 다 이렇게 허물어지는 것을
무슨 생각에 그날들을 그리 보낸는지
후회 아닌 후회에 그 날들을 묻는다

세상살이

아니더라
눈 안의 이 많은 것들
나에게 필요한 것이 몇 가지나 될까
두른 옷에 밥 한 끼니 다음은 욕심의 것이요
쥐고 들어도 놓아야 할 것들이 아닌가

그렇더라
어두워 잠들고 해 뜨면 일어나고
그렇게 날마다 무엇을 얻고 잃었나
하룻밤 꿈 처럼 스쳐가는 인생
짧아지는 그날을 어찌 잊고 살았나

유월의 들길

그날들의 그림
고향의 그 그림을 어떻게 다 그릴까
메꽃에서부터 엉겅퀴꽃에 큰 꿀벌 날아들던 날
풀숲에 크고 작은 꽃들도 그렇게 많이 피어있었지
먹을 것에 들딸기 밭 자락에 산딸기
뽕밭에 오디는 없었겠나 그 뻐꾸기 그리 울어 댔었고

논마다 벼 포기 불어 파란 들녘
물꼬 보는 머슴 아저씨의 하늘에 구름일까
날아가는 왜가리 떼 어디로 가는지
한참을 바라보는 머슴 아저씨
삽 씻어 맨 머슴 아저씨의 고향 생각인 듯
아저씨의 그 마음 구름 따라 산 넘어었다

희망의 마음

이왕에 찾은 세상 웃고나 가세
이왕에 나왔으니 구경이나 하고 가세
무엇이 모자라고 남는다 하겠나
모으니 네 것이요 모자라니 내 것인데

잠들어 못 보고 병 들어 못 웃고
입 안에 넣은 것도 단맛만 있겠나
때 되면 그 단맛도 쓴맛이 되는 것을
여보시게 다 버리고 웃고나 가세

꽃밭의 고향

고향의 여름 꽃밭
장독대 옆 우리 꽃밭
담 타오르는 나팔꽃에 채송화 봉숭아
더러는 과꽃 서너포기에 나비꽃도 있었지
쫓겨난 민들레 꽃밭 아래에서 가엾어라
귀퉁이로는 맨드라미 가을 날을 기다렸고

그러 했던 꽃밭일까
가뭄에 시들면 두레박으로 물 끼얹어 주었고
솎아가며 잎사귀 따주면 무럭무럭
여기 저기에서 피는 꽃이 얼마나 예뻤나
나무가쟁이 타오르는 메꽃도 그렇고
보고 싶어라 고향의 꽃 다시 심고 싶어라

소라의 뜰

아무것도 없다 그 아무것도
변함도 그 어느 것도
들리는 파도 소리만
어쩌다 들어오는 갈매기 울음뿐
무엇이 변함이 있어 있고 없을까

먼 육지로 떠나는 구름 하나
해당화꽃의 그날밖에 더 있겠나
먼 섬도 가까운 섬도 날마다 그 섬
저녁이면 그 섬도 노을에 잠들고
등대불만 가물 가물 옛날을 찾는다

• 4부 •

산사의 유월

물 소리에 녹는 세월
천 년이면 녹을까
새소리에 묻는 시간
그 만년에 묻혀질까

천 년의 그 세월
풍경 소리에 담기고
만년의 그 시간
촛불이 밝힌다

외로운 하늘

하늘에 올린 마음
무엇이 있어 하늘을 올려 볼까
아무것도 흰 구름 조각 하나
그 흰 구름도 눈에서 멀어지고
마음만 홀로 남아 더 높은 곳을

무엇이라도 있는 것 처럼
나도 모를 마음 무엇을 찾았나
어떻게 보면 나를 찾은 것 같은데
그것도 아닌 찾기는 찾아야 하는 것
바라보는 허공에 아무것도 없었다

거짓

거짓으로 사는 세상
그 거짓도 꿈이 된다
진실도 거짓 거짓도 거짓
무엇을 놓고 아니다 할까

거짓과 거짓의 인생
그 찰나는 과정의 것
마지막의 것은 순간일까
진실도 거짓도 꿈이 된다

고향 꽃

가는 곳마다 피었던 고향의 들꽃
이름도 긴가민가 몇 가지나 뚜렸할까
그저 때에 피나보다 때 되면 지나보다
관심이나 있었을까
귀찮어 하지나 않으면 다행이었던 꽃들인데

논 둑으로 밭 둑으로 개울 둑으로
날마다 일에 묻히는 삶
그 꽃들이 눈에 들어올까
그리 많이 피었어도 그저 때에 피나보다
때 맞춤에 보면 볼까 몇 번을 보았겠나

그렇게 잃어버린 고향의 들꽃
세월에 묻히고 시간이 지운 들꽃
이제야 보겠다 무엇이 그리웠나
마음 한구석에 미안한 마음
꿈속 고향의 들꽃 보고 싶어라

그렇게 그렇게 추억을 안겨준 꽃
외로워 찾았고 힘들어 보던 들꽃

지금 찾아가면 다시 볼 수 있을까
둑마다 흐드러지게 안 피었던 곳이 없던 꽃
저문 날 저무는 꽃 고향도 저문다

인생의 일기

조용히 올려보는 하늘
지나온 그 날들을 어느 구름 위에 얹일까
기억에 있는 날 기억에 없는 날
그 많은 날을 보내며 어떻게 살았는지
알면서도 모르는 것 같고 모르면서 아는 것 같고
지나고 나니 허무한 마음만 이리 짧은 날이 될 줄을

길도 꿈도 많었던 그날
일하며 채우느라 채웠다면 무엇을
어디에 얼마만큼 채운 것이 무엇인가
채우지도 못하면서 빈 주머니에 욕심만 가득
채운 것이라고는 세월 앞에 나이밖에 더 있나
그렇게 모진 세월 세상은 다 내 마음 같지 않았다

변또의 아침

어머니 우리 엄마 고생 많으셨어요
여러 형제의 우리들 이제 뉘우치고 있어요
그때만 해도 무엇이 넉넉하여 변또 반찬을 바꿀까
밥도 꽁보리밥으로 날마다 그런데

투정 하는 우리들 안시러워 하는 우리 엄마
김치에 새우젓 무말랭이 며루치면 다행이고
가을에는 깍뚜기 또 뭐 있나 무 짱아찌였겠구나
안 가지고 간다 울던 우리들 그런 엄마의 마음은 어떠셨나요

소풍 날이라야 바뀔 반찬일까
가방 없던 그날 책 보자기의 일기가 되겠지요
김치 국물 흘러 내린 그런 일기요
날마다 배고픈 날 먹을 것 찾던 날

엄마는 하나라도 더 먹이려 배불렀고
양재기의 엄마 밥 한 숫갈이라도 더 덜어 주셨지요
변또는 그만두더라도 끼니나 거르지 않았으면 하는 어머니
이제 우리들 그 하얀 쌀밥 먹고 있어요

굴바구니

섬에서 섬으로 보고 듣는 것이 무엇일까
바위에 걸터 앉아 그리움에 보는 바다
썰물 따라 나간 마음 밀물 따라 들어오고
들려오는 파도 소리 바구니에 담긴다

먼 바다의 고깃배 저 배는 어디로 가는지
보일 듯 말듯 저 섬 돌면 그만인데
마음 실어 보내면 육지에 내려 줄까
때 되어 나가는 물 그리움 두고 간다

외로운 노을

노을에 젖는 그날
저 노을이 우리의 사랑을 얼마나 물들여줄까
설레임의 그날도 못 잊을 오늘도
믿었던 인연이 그리 쉽게 버릴 줄이야

기다리면 돌아올까
뜨거웠던 날에 우리의 그 약속
이제 그리움에 남은 여운 더 먼 곳으로 멀어지고
아름다웠던 날에 우리 사랑 옛 노을에 젖는다

고향의 동무들

이맘때쯤이면
유월에서 칠월 사이 지금 이쯤이면
열매라고는 산딸기 하나
더 무엇을 찾으려 어디로 갈까

산딸기 찾아 기슭으로
다슬기 주으러 냇가로
이웃 울 뒤의 노란 살구
돼지감자는 안 캐먹을까

그렇게 찾아 뛰어 놀던 곳
뜸북새의 하늘에 흰 구름 흘렀고
옥수수잎 위의 저녁노을
그 노을 바라보며 집으로 돌아갔지

한국의 근심

우리 왜 이러나
우리 왜 이래야 하나
우리 왜 이래야 했나

노을의 기억

그날이 다가와 노을에 얹노라면
추억의 그림 되어 그 노을에 젖어들고
가슴 시린 아쉬움에 옛날을 떠 올리면
또 다시 보고 싶어 눈시울이 뜨겁다

우리 아름다웠던 날에 그날들
이제 영원히 찾을 수 없는 것인지
지운다 하면서 못 지운 그날들
지울 날이 있다면 그 날이 언제일까

먼데 먼 곳으로 가버린 그날인가
떠 오르는 모습에서 부르는 목소리인 듯
단 한 번만이라도 그 목소리 들려 주었으면
그러면 그 날이 지우는 날이 될까

잃어도 잊혀져도 남아 있어야 할 미련
이 미련마저 떠난다면 어떻게 잡아야 하나
다 잊지 못할 우리의 그 아름다운 날
옛날로 돌아가 우리 아름다운 날에 잠들고 싶어라

저무는 유월

오 뉴월이라
이 유월도 흐지부지 그렇게 저물고
아이들의 열매도 한 철을 잃었다
꽃은 안 그럴까 무엇이 봄 꽃이고 여름 꽃일까
며칠 후 칠월이라 하니
칠월의 문밖에 무엇이 놓일런지

그렇게 지난 반년
옥수수 잎이 젖는 세월에 뜸북새 울어 대고
빨래 줄의 제비 식구도 어미와 함께 짖어 대겠지
그렇게 가는 유월 그렇게 오는 칠월
알기라도 아는 듯 지붕 너머로 오는 구름 산 넘을 것이고
인생도 그렇지 인생은 무엇 찾아 어디로 가고 있나

추억의 그림자

돌아보면 아무것도
다 아무것도 아닌데
둘만의 그날에 그리 괴로워 했는지
잃어버릴 시간인 줄도 몰랐고
멀어지기만 했던 먼 훗날의 꿈

지금이라도 돌아올까
투정인줄만 알었던 날
혹시라도 하는 마음 외로운 이 마음
이제 그마저 지친 기다림인 듯
소식 한 번 전해 들었으면 한다

시간의 그림자

자고나면 또 하루
지나면은 그 하루
그 시간을 어떻게 보냈나

하루에 갇힌 시간
시간에 갇힌 마음
만 가지 생각의 욕심일까

짧은 시간 긴 하루
짧은 하루 긴 시간
그렇게 지낸 날이 이 오늘

이제는 저문 내일
모두가 짧은 단몽
사람은 이렇게 짧게 간다

인생 길목

그렇게 왔다 가는 세상
당신의 고향을 묻습니다
고향이 어디이십니까
밟은 흙의 고향이 아니고
마음의 고향 말입니다

당신에게도 밤이 있지 않던가요
밝은 대낮도 있고요
물론 하늘도 있었겠지요
그 하늘에 구름도 흘렀을 것이고요
비에 바람도 불던가요 눈도 내리고요

다 같은 마음의 고향 길고 짧은 인생
눈에 넣고 귀에 담은 것이 무엇이었습니까
넣은 것도 담은 것도 버려야 하는 것
때 되면 그렇게 버려야 하겠지요
영원 할 수 없겠지요

내일을 모르고 사는 길고 짧은 인생
끝내는 그 마지막에 지우고 버려야 하겠지요

눈에 넣고 귀에 담은 것이 무엇이더냐
덧없어라 인생살이 춘몽 같은 인생
안 버려도 버려지고 지우지 않아도 지워지는 것을

고향 소식

시간이 버리고 세월이 가린 고향
어렴풋이 뚜렷한 기억이 얼마나 될까
더듬어보면 어쩌다 떠오르는 기억들만이
부족했던 날에 울고 웃던 이 나의 고향이 아닌가
그 눈물도 웃음도 이제 다 세월 저편으로
뚜렸했던 기억도 하나 둘씩 흐려져 간다

잃어버린 내 고향 보고 싶은 얼굴들
이웃 소식에 고마운 어르신네들도 계시더니
그마저 먼 곳으로 그렇게 떠나셨다 할 줄이야
이제 누가 있어 반기고 무엇이 남아 고향을 찾을까
논 밭 둑에 피던 들꽃 철새 울음의 산과 들
그리운 내 고향 옛 흙 한 번 밟고 싶다

칠월의 노을

뜨거운 칠월이라
옛날에 그랬듯이
또 얼마나 더울까
더워도 감자 찌고
바위 물 퍼다 먹고
비 오는 날에 밀 부침게를 어찌 잊을까

노을의 저녁 마당
다시 보고 싶어라
모깃불 피워 놓고
별 자리 맡았는데
두드렸던 라디오
그런 전설의 고향을 다시 들을 수 있을까

손 놀이에 그 노래
마주친 손벽 소리
재미있던 여름 밤
내 동무들 그리워라
단맛의 수박 참외
옥수수가 잊은 날 다시 돌아가고 싶어라

칠월의 낭만

넘어온 보릿고개 무엇이 부러우랴
시원한 문간 바람 부채질에 더 시원하고
들녘에 뜸북새 울음 끊어질 듯 들려온다
때 되면 밥 해 먹고 텃밭 채소 뜯어다 김치 나물 해 먹고
장 항아리에 된장 고추장 그만하면 될까
모깃불도 그렇지 마당에 멍석 펴면 밤하늘이 되겠지

그 다음에 짚는 세월 어느 세월을 짚어볼까
늙은 친정의 그날을 아니면 이 집의 그날을
저물어가는 세월 사는게 무엇인지
텃밭에 하루처럼 이 짧은게 세월인가
늙다리에 늙은 몸 어느 세월을 짚어보나
뜸북이 울음에 싣는 세월 처량하기만 하구나

칠월의 들녘

저 파란 들녘이 하얗었으니 얼마나 추웠을까
하루가 다른 들녘 뜸북새 울음에 처량하다
때 되면 저렇게 왔다 가는 것을
벼 포기에 숨은 논 병아리는 울지 않아도 되는 것인지
뜸북새 울음만이 그 무엇이 그리웠나
칠월의 뜨거운 날 비 오는 날이면 그리 더 울어 대는지

이 칠월도 잠깐인 것을 아쉬워서 그러나
짧은 날에 짧은 칠월 저 뜸북새만이 짧을까
초복 중복 지난 다음 문간 바람 바뀌는 날
마지막에 말복이라 그 보름 지나면 찬 바람 일 것이니
그렇게 또 떠나야 할 여름인가
텃밭의 칠월 옥수수 익어간다

비 오는 칠월

보릿짚 눅눅하니 눅눅하지 않은 살림살이가 어디에 있겠나
연기로 가득 찬 부엌도 그렇고 광 안의 멍석떼기에 보리쌀 항아리는 안 그럴까
모두가 눅눅하니 옷가지에 돗자리 내걸린 소쿠리에도 곰팡이가 핀다
이제 그만 왔으면 그만 내렸으면 몇 날 며칠 날 궂이에 우물의 물 뒤집힌다
간사한 사람의 마음이라 하니 한때는 너무 뜨거워 비 좀 내렸으면 기다렸었는데

눈 안에 넣는 낙숫물 귀에 담는 그 소리 그 낙숫물 소리가 귓전 밖으로 들릴까
마루에 들이치는 빗줄기 이 빗줄기가 어디까지 들이칠런지
앞 개울도 나가보니 뻘건 물 가득 저 물이 잦아들면 맑은 물에 아이들이 좋아 할 것인데
논으로 보나 밭으로 보나 이제 그만 그만 내렸으면 하는 비 집안은 안 그럴까
내일이라도 날 들어야 내다 걸고 말리고 빨래 가지도 빨아 빨래 줄에 펴 널을 것인데